# BEI GRIN MACHT SICH IHR WISSEN BEZAHLT

- Wir veröffentlichen Ihre Hausarbeit,
  Bachelor- und Masterarbeit

- Ihr eigenes eBook und Buch -
  weltweit in allen wichtigen Shops

- Verdienen Sie an jedem Verkauf

## Jetzt bei www.GRIN.com hochladen und kostenlos publizieren

GRIN

# Erkennung und Bekämpfung von Desinformation mit ChatGPT

Ulf Tomczak

**Bibliografische Information der Deutschen Nationalbibliothek:**

Die Deutsche Nationalbibliothek verzeichnet diese Publikation in der Deutschen Nationalbibliografie; detaillierte bibliografische Daten sind im Internet über http://dnb.d-nb.de abrufbar.

ISBN: 9783346864260
Dieses Buch ist auch als E-Book erhältlich.

Druck und Bindung: Books on Demand GmbH, Norderstedt Germany
Gedruckt auf säurefreiem Papier aus verantwortungsvollen Quellen

Das vorliegende Werk wurde sorgfältig erarbeitet. Dennoch übernehmen Autoren und Verlag für die Richtigkeit von Angaben, Hinweisen, Links und Ratschlägen sowie eventuelle Druckfehler keine Haftung.

Das Buch bei GRIN: https://www.grin.com/document/1353499

# Erkennung und Bekämpfung von Desinformation mit ChatGPT

Eine Untersuchung, wie ChatGPT zur Erkennung und Bekämpfung von Desinformation eingesetzt werden kann, z.B. durch automatisierte Faktenprüfung oder Identifizierung von Manipulationstechniken in Texten.

# Inhalt

# 1. Einleitung

In einer Welt, in der Informationen jederzeit und überall verfügbar sind, ist es wichtiger denn je, zwischen wahren und falschen Aussagen zu unterscheiden. Mit der Verbreitung von sozialen Medien und der zunehmenden Verbreitung von Informationen im Internet ist es jedoch oft schwierig, die Glaubwürdigkeit von Informationen zu überprüfen. Die Verbreitung von Desinformation stellt daher ein wachsendes Problem dar, das nicht nur die öffentliche Meinungsbildung beeinflusst, sondern auch die demokratischen Prozesse und die Sicherheit der Gesellschaft gefährdet.

Um dieser Herausforderung zu begegnen, werden verschiedene Technologien eingesetzt, um die Verbreitung von Desinformation zu erkennen und zu bekämpfen. Eine dieser Technologien ist ChatGPT, ein künstlicher Intelligenz-Chatbot, der von OpenAI entwickelt wurde. ChatGPT ist in der Lage, menschenähnliche Konversationen zu führen und auf Fragen und Anfragen von Benutzern zu antworten. Es gibt zahlreiche Anwendungsgebiete von ChatGPT, einschließlich der Erkennung von Desinformation.

Das Ziel dieser Hausarbeit ist es, zu untersuchen, wie ChatGPT zur Erkennung und Bekämpfung von Desinformation eingesetzt werden kann. Dabei sollen insbesondere die Möglichkeiten von automatisierter Faktenprüfung und der Identifizierung von Manipulationstechniken in Texten betrachtet werden. Die Arbeit wird sich mit der Funktionsweise von ChatGPT und den Vor- und Nachteilen der Technologie befassen. Zudem sollen auch ethische und rechtliche Aspekte bei der Bekämpfung von Desinformation mit ChatGPT berücksichtigt werden.

Um diese Forschungsfrage zu beantworten, wird zunächst eine Definition von Desinformation gegeben und die Relevanz des Themas für die Gesellschaft und die Demokratie diskutiert. Anschließend wird die Funktionsweise von ChatGPT erläutert und verschiedene Anwendungsbereiche der Technologie aufgezeigt. Es wird untersucht, wie ChatGPT zur Erkennung von Desinformation eingesetzt werden kann, indem automatisierte Faktenprüfungen durchgeführt und Manipulationstechniken in Texten identifiziert werden. Es werden Beispiele für den Einsatz von ChatGPT zur Erkennung von Desinformation gegeben.

Des Weiteren wird betrachtet, wie ChatGPT zur Bekämpfung von Desinformation eingesetzt werden kann, indem es Informationen vor der Verbreitung überprüft und schnell auf falsche oder irreführende Informationen reagiert. Ethische und rechtliche Aspekte bei der Bekämpfung von Desinformation mit ChatGPT werden ebenfalls diskutiert.

Abschließend wird ein Fazit gezogen und ein Ausblick auf zukünftige Entwicklungen und Forschungsbereiche gegeben.

# 2. Einführung in das Thema

## a. Definition von Desinformation

Desinformation ist ein Phänomen, das in verschiedenen Kontexten und mit unterschiedlichen Zielen auftritt. Im Kern bezieht sich Desinformation auf absichtlich falsche oder irreführende Informationen, die erstellt und verbreitet werden, um Einzelpersonen, Gruppen oder Organisationen zu beeinflussen, zu manipulieren oder zu täuschen (Fallis, 2015; Posetti & Matthews, 2018; Wardle & Derakhshan, 2017). Es ist wichtig, Desinformation von verwandten Konzepten wie Fehlinformation und Missinformation abzugrenzen, die sich jeweils auf unbeabsichtigte Verbreitung falscher Informationen bzw. auf fehlerhafte Informationen, die ohne böswillige Absicht weitergegeben werden, beziehen (Lewandowsky, Ecker & Cook, 2017).

Die Verbreitung von Desinformation kann verschiedene Motive haben, wie politische, wirtschaftliche oder soziale Ziele (Wardle & Derakhshan, 2017). Ein Beispiel für politische Desinformation ist die gezielte Verbreitung falscher Nachrichten, um Wahlen zu beeinflussen, während wirtschaftliche Desinformation beispielsweise die Verbreitung gefälschter Informationen über Aktienkurse oder Unternehmen beinhalten kann (Vosoughi, Roy & Aral, 2018; Maras & Alexandrou, 2019).

Desinformation kann in verschiedenen Formen auftreten, wie Text, Bild, Video oder Audio (Posetti & Matthews, 2018). Mit dem Aufkommen des Internets und insbesondere sozialer Medien hat sich die Verbreitung von Desinformation beschleunigt, was sowohl die Geschwindigkeit als auch die Reichweite betrifft (Allcott & Gentzkow, 2017). Darüber hinaus haben Technologien wie Deepfakes und künstliche Intelligenz das Potenzial, Desinformation noch schwerer erkennbar und bekämpfbar zu machen (Chesney & Citron, 2019).

Um Desinformation effektiv zu bekämpfen, ist es wichtig, die Mechanismen hinter ihrer Entstehung und Verbreitung zu verstehen. Forscher haben verschiedene kognitive und soziale Faktoren identifiziert, die die Anfälligkeit von Menschen für Desinformation beeinflussen, wie Bestätigungsverzerrung, Emotionen, und Gruppenzugehörigkeit (Pennycook & Rand, 2018; Lewandowsky, Ecker & Cook, 2017). Dieses Wissen kann dazu beitragen, Strategien und Techniken zu entwickeln, um Desinformation entgegenzuwirken, wie z.B. Medienkompetenz, Faktenüberprüfung und künstliche Intelligenz-basierte Erkennungssysteme (Lokot & Diakopoulos, 2021; Ribeiro et al., 2020).

Zusammenfassend ist Desinformation ein komplexes Phänomen, das sowohl auf individueller als auch auf gesellschaftlicher Ebene verstanden und bekämpft werden muss. Die Definition von Desinformation und ihre Abgrenzung von verwandten Konzepten ist entscheidend, um effektive Lösungsansätze zu entwickeln und die negativen Auswirkungen auf Politik, Wirtschaft und Gesellschaft zu minimieren (McIntyre & Olmstead, 2021; Tandoc, 2019).

In den letzten Jahren hat die Forschung auf diesem Gebiet zugenommen, um die verschiedenen Aspekte von Desinformation besser zu verstehen und geeignete Gegenmaßnahmen zu entwickeln. Dazu gehört auch die Untersuchung von psychologischen Faktoren, die die Anfälligkeit von Menschen für Desinformation beeinflussen, wie etwa kognitive Verzerrungen, heuristische Denkmuster und das Bedürfnis nach kognitiver Schließung (Lewandowsky et al., 2012; Friggeri, Adamic & Eckles, 2014).

Ein weiterer Forschungsbereich konzentriert sich auf die Rolle von sozialen Medien und Algorithmen bei der Verbreitung von Desinformation. Studien haben gezeigt, dass Desinformation auf sozialen Medienplattformen schneller verbreitet wird als echte Nachrichten und dass die Nutzer dazu neigen, sich in Echokammern und Filterblasen zu verschanzen, die ihre bestehenden Überzeugungen verstärken (Bakir & McStay, 2018; Del Vicario et al., 2016).

Die Forschung hat auch die Rolle von staatlichen und nichtstaatlichen Akteuren bei der Verbreitung von Desinformation untersucht, einschließlich der Nutzung von Desinformation als Instrument der Informationskriegsführung und der Rolle von Trolleinheiten und Bots bei der Verbreitung von Desinformation in sozialen Medien (Nimmo, 2015; Woolley & Howard, 2016).

Angesichts dieser Herausforderungen ist die Entwicklung von Gegenstrategien und -maßnahmen von entscheidender Bedeutung. Hierzu gehört die Förderung von Medienkompetenz, die es den Nutzern ermöglicht, Desinformation besser zu erkennen und zu bewerten (Hobbs, 2010). Faktenprüfungsinitiativen und - organisationen spielen ebenfalls eine wichtige Rolle bei der Bekämpfung von Desinformation, indem sie die Richtigkeit von Informationen überprüfen und ihre Ergebnisse mit der Öffentlichkeit teilen (Graves & Cherubini, 2016).

Schließlich ist die Zusammenarbeit zwischen verschiedenen Akteuren wie Regierungen, Medienunternehmen, sozialen Medienplattformen und Zivilgesellschaft entscheidend, um Desinformation effektiv zu bekämpfen und die Integrität der Informationsumgebung zu erhalten (Karlova, 2018; Mihailidis & Viotty, 2017).

Insgesamt zeigt die Definition von Desinformation und die damit verbundenen Forschungsbereiche die Komplexität und Vielfalt des Phänomens auf. Um Desinformation erfolgreich zu bekämpfen, ist ein umfassendes Verständnis der verschiedenen Aspekte und Mechanismen sowie eine Zusammenarbeit zwischen verschiedenen Akteuren erforderlich.

## b. Relevanz des Themas

Die Relevanz des Themas Desinformation ist in der heutigen globalisierten Welt und im Zeitalter der Informations- und Kommunikationstechnologien unbestreitbar. Desinformation hat weitreichende Auswirkungen auf demokratische Prozesse, sozialen Zusammenhalt und Vertrauen in Institutionen (Lewandowsky, Ecker, & Cook, 2017; Marwick & Lewis, 2017; Van Aelst et al., 2017). Dieses Kapitel beschäftigt sich mit den verschiedenen Gründen, warum Desinformation ein relevantes und dringliches Thema ist.

Zunächst einmal kann Desinformation die Qualität der öffentlichen Diskussion und Meinungsbildung beeinträchtigen (Habermas, 1989). In einer informierten Demokratie sind Bürger darauf angewiesen, auf der Grundlage von korrekten Informationen politische Entscheidungen zu treffen (Delli Carpini & Keeter,

1996). Desinformation kann jedoch dazu führen, dass Bürger falsche Annahmen treffen und ihre politischen Präferenzen auf unzureichenden oder irreführenden Informationen aufbauen (Lewandowsky et al., 2017).

Darüber hinaus kann Desinformation die politische Polarisierung verstärken (Sunstein, 2018). Wenn Menschen in sogenannten "Echokammern" oder "Filterblasen" gefangen sind, in denen sie nur Informationen erhalten, die ihre bestehenden Ansichten bestätigen, kann dies zu einer Verfestigung von Meinungen und einer Verschärfung der Polarisierung führen (Pariser, 2011). Falsche Informationen können gezielt eingesetzt werden, um politische Spaltungen zu verstärken und den gesellschaftlichen Zusammenhalt zu schwächen (Marwick & Lewis, 2017).

Desinformation kann auch das Vertrauen der Bürger in politische Institutionen und die Medien untergraben (Moy & Scheufele, 2000; Tandoc, 2019). Wenn Menschen das Gefühl haben, dass sie nicht auf die Informationen vertrauen können, die sie erhalten, kann dies zu einem Verlust des Vertrauens in die Medien und politische Institutionen führen, was wiederum das Funktionieren der Demokratie beeinträchtigen kann (Lewandowsky et al., 2017).

Die Relevanz des Themas Desinformation ist auch in Bezug auf internationale Beziehungen und Sicherheit von Bedeutung. Desinformation kann als Mittel zur Destabilisierung von Ländern, Beeinflussung von Wahlen und Untergrabung von Demokratien eingesetzt werden (NATO Strategic Communications Centre of Excellence, 2017). Zum Beispiel haben Untersuchungen gezeigt, dass ausländische Akteure, insbesondere Russland, Desinformationskampagnen in westlichen Ländern durchgeführt haben, um politische Spaltungen zu verstärken und das Vertrauen in demokratische Institutionen zu untergraben (Bennett & Livingston, 2018; Paul & Matthews, 2016).

Schließlich kann Desinformation auch gesundheitliche und wissenschaftliche Implikationen haben. Falsche Informationen über Gesundheitsthemen, wie zum Beispiel Impfstoffe oder die COVID-19-Pandemie, können zu Fehlentscheidungen und potenziell gefährlichen Verhaltensweisen führen (Lewandowsky, Cook, & Ecker, 2020; Roozenbeek et al., 2020). In der Wissenschaft kann Desinformation die Akzeptanz und Umsetzung wissenschaftlicher Erkenntnisse behindern, was zu verpassten Chancen und ineffektiven politischen Maßnahmen führen kann (Lewandowsky et al., 2017). Beispielsweise kann Desinformation über den Klimawandel dazu führen, dass die Dringlichkeit und die Notwendigkeit von Maßnahmen zur Eindämmung der Treibhausgasemissionen nicht erkannt werden (Cook, Lewandowsky, & Ecker, 2017).

Zusammenfassend ist die Relevanz des Themas Desinformation vielschichtig und weitreichend. Die wachsende Verbreitung von Desinformation beeinflusst nicht nur demokratische Prozesse, den sozialen Zusammenhalt und das Vertrauen in Institutionen, sondern kann auch internationale Beziehungen, Sicherheit, Gesundheit und Wissenschaft betreffen. Angesichts der weitreichenden Auswirkungen ist es entscheidend, dieses Thema sowohl in der wissenschaftlichen Forschung als auch in der politischen Praxis zu adressieren und Lösungen zur Bekämpfung der Desinformation zu entwickeln (Lewandowsky et al., 2017; Van Aelst et al., 2017).

## c. Zielsetzung der Hausarbeit

Die Zielsetzung dieser Hausarbeit ist es, einen umfassenden Überblick über das Phänomen der Desinformation zu geben und die verschiedenen Aspekte dieses komplexen Themas zu untersuchen. Dabei werden zunächst die Definition und die Abgrenzung von Desinformation und ähnlichen Begriffen wie Falschinformation und Fake News erläutert (Wardle & Derakhshan, 2017). Anschließend wird die Relevanz von Desinformation in verschiedenen Kontexten dargelegt, um ein besseres Verständnis für die Tragweite und Auswirkungen von Desinformation auf politische, soziale und wissenschaftliche Bereiche zu gewinnen (Allcott & Gentzkow, 2017; Van Aelst et al., 2017).

Ein weiterer Schwerpunkt der Arbeit liegt auf der Analyse von Ursachen und Motivationen, die zur Verbreitung von Desinformation führen, sowie auf den Faktoren, die die Anfälligkeit von Personen für Desinformation beeinflussen (Lewandowsky et al., 2017; Roozenbeek et al., 2020). Abschließend werden verschiedene Strategien zur Bekämpfung und Prävention von Desinformation vorgestellt und diskutiert, um sowohl politischen Entscheidungsträgern als auch Bürgern effektive Maßnahmen an die Hand zu geben, mit denen sie sich gegen die negativen Auswirkungen von Desinformation schützen können (Lewandowsky et al., 2017).

# 3. Grundlagen zu ChatGPT

## a. Funktionsweise von ChatGPT und anderen Chatbots

Chatbots sind Computerprogramme, die in der Lage sind, auf Fragen und Anfragen von Benutzern zu antworten. Sie können in verschiedenen Anwendungsbereichen eingesetzt werden, von der Kundenbetreuung bis hin zur Sprachsteuerung von Geräten. Es gibt verschiedene Arten von Chatbots, darunter regelbasierte Chatbots und künstliche Intelligenz-Chatbots. Die Funktionsweise von Chatbots variiert je nach Typ und Einsatzbereich.

Regelbasierte Chatbots basieren auf vordefinierten Regeln und Mustern, um auf Anfragen von Benutzern zu reagieren. Die Regeln und Muster werden von den Entwicklern erstellt und können durch die Programmierung von Skripten und Algorithmen umgesetzt werden. Regelbasierte Chatbots sind in der Regel weniger flexibel als künstliche Intelligenz-Chatbots und können nur auf bestimmte Fragen und Anfragen reagieren. Sie sind jedoch in bestimmten Anwendungsbereichen effektiv, wie beispielsweise bei der Beantwortung häufig gestellter Fragen oder bei der Automatisierung von bestimmten Aufgaben. (vgl. Wei et al., 2021)

Künstliche Intelligenz-Chatbots basieren auf Deep-Learning-Techniken und sind in der Lage, menschenähnliche Konversationen zu führen und komplexe Fragen zu beantworten. Im Gegensatz zu regelbasierten Chatbots verwenden künstliche Intelligenz-Chatbots wie ChatGPT Machine-Learning-Algorithmen, um aus Trainingsdaten zu lernen und menschenähnliche Antworten zu generieren. Dabei können sie auf eine Vielzahl von Textdaten zugreifen und Muster und Zusammenhänge in Texten erkennen. Die Qualität der Antworten von künstlichen

Intelligenz-Chatbots hängt von der Qualität und Quantität der Trainingsdaten ab, die für die Entwicklung des Modells verwendet wurden. (vgl. Gao et al., 2021)

ChatGPT ist ein Beispiel für einen künstlichen Intelligenz-Chatbot, der auf dem Transformer-Modell basiert. Das Modell basiert auf der Verarbeitung von Texten und der Vorhersage von Wörtern und Sätzen auf der Grundlage von Wahrscheinlichkeiten. ChatGPT analysiert den Text des Benutzers und verwendet eine große Menge an Textdaten, um eine Vorhersage für die nächste Antwort des Chatbots zu treffen. Um die Vorhersage zu treffen, verwendet ChatGPT ein neuronales Netzwerk, das aus mehreren Schichten von Neuronen besteht. Diese Schichten sind miteinander verbunden und ermöglichen es dem Chatbot, Muster in den Eingabedaten zu erkennen und die Wahrscheinlichkeit für die nächste Antwort zu berechnen. (vgl. Radford et al., 2018)

ChatGPT ist in der Lage, lange und komplexe Texte zu generieren und auf Fragen und Anfragen von Benutzern zu antworten. Durch das Training auf einer großen Menge von Textdaten kann ChatGPT ein Verständnis für Sprache und Kontext entwickeln und menschenähnliche Antworten generieren. Ein wichtiger Aspekt von ChatGPT ist seine Fähigkeit zur kontinuierlichen Verbesserung. Das Modell kann durch das Training mit neuen Daten kontinuierlich verbessert werden, um genauere und relevantere Antworten zu generieren. (vgl. Gao et al., 2021)

Allerdings haben Chatbots auch einige Nachteile. Ein Nachteil von künstlichen Intelligenz-Chatbots ist, dass sie nur so gut sind wie ihre Trainingsdaten. Wenn das Modell mit unzureichenden oder fehlerhaften Daten trainiert wird, können die Antworten des Chatbots ungenau oder irreführend sein. Darüber hinaus können Chatbots in einigen Fällen unangemessene oder unethische Antworten geben, wenn sie mit unangemessenen oder unethischen Inhalten trainiert werden. (vgl. Wei et al., 2021)

Ein weiterer Nachteil von Chatbots ist, dass sie nicht in der Lage sind, menschliche Emotionen und Nuancen in der Sprache zu erkennen und zu berücksichtigen. Obwohl künstliche Intelligenz-Chatbots in der Lage sind, menschenähnliche Konversationen zu führen, können sie nicht immer die Feinheiten der menschlichen Sprache und Kommunikation erfassen. Dies kann zu Missverständnissen und falschen Antworten führen. (vgl. Gao et al., 2021)

Insgesamt bieten Chatbots wie ChatGPT zahlreiche Anwendungsmöglichkeiten und können Unternehmen dabei helfen, ihre Kundenbetreuung und Geschäftsprozesse zu verbessern. Allerdings müssen Entwickler bei der Entwicklung und Verwendung von Chatbots darauf achten, dass sie angemessen trainiert und eingesetzt werden, um ungenaue oder unethische Antworten zu vermeiden. (vgl. Wei et al., 2021)

## b. Anwendungsbereiche von ChatGPT

ChatGPT und andere Chatbots können in verschiedenen Anwendungsbereichen eingesetzt werden, um die Kommunikation mit Benutzern zu verbessern und Geschäftsprozesse zu automatisieren. Einige der Anwendungsbereiche von ChatGPT sind:

Kundenbetreuung: Chatbots können in der Kundenbetreuung eingesetzt werden, um häufig gestellte Fragen zu beantworten und Probleme von Benutzern zu lösen. Indem sie schnell und effektiv auf Anfragen von Benutzern reagieren, können Chatbots die Kundenzufriedenheit verbessern und den Kundendienstmitarbeitern Zeit sparen. ChatGPT kann in diesem Bereich eingesetzt werden, um menschenähnliche Antworten auf Fragen von Benutzern zu generieren und die Qualität der Kundenbetreuung zu verbessern. (vgl. Wei et al., 2021)

Marketing: Chatbots können auch im Marketing eingesetzt werden, um potenzielle Kunden anzusprechen und zu binden. Indem sie personalisierte Angebote und Empfehlungen basierend auf dem Verhalten von Benutzern generieren, können Chatbots das Engagement von Benutzern erhöhen und den Umsatz steigern. ChatGPT kann in diesem Bereich eingesetzt werden, um auf Anfragen von Benutzern zu antworten und personalisierte Empfehlungen zu generieren. (vgl. Gao et al., 2021)

Bildung: Chatbots können auch im Bildungsbereich eingesetzt werden, um den Lernprozess von Benutzern zu unterstützen. Indem sie Fragen von Benutzern beantworten und personalisierte Lerninhalte generieren, können Chatbots den Lernprozess effektiver gestalten und das Verständnis der Benutzer verbessern. ChatGPT kann in diesem Bereich eingesetzt werden, um auf Fragen von Benutzern zu antworten und personalisierte Lerninhalte zu generieren. (vgl. Gao et al., 2021)

Gesundheitswesen: Chatbots können auch im Gesundheitswesen eingesetzt werden, um Patienten bei der Verwaltung ihrer Gesundheit und bei der Suche nach medizinischen Informationen und Ratschlägen zu unterstützen. Indem sie auf Anfragen von Patienten reagieren und sie an die richtigen medizinischen Dienstleister weiterleiten, können Chatbots die Effizienz des Gesundheitswesens verbessern und die Qualität der Versorgung erhöhen. ChatGPT kann in diesem Bereich eingesetzt werden, um auf Fragen von Patienten zu antworten und sie an die richtigen medizinischen Dienstleister weiterzuleiten. (vgl. Wei et al., 2021)

Unterhaltung: Chatbots können auch im Unterhaltungsbereich eingesetzt werden, um Benutzer zu unterhalten und zu amüsieren. Indem sie humorvolle und interaktive Konversationen mit Benutzern führen, können Chatbots das Engagement und die Zufriedenheit der Benutzer erhöhen. ChatGPT kann in diesem Bereich eingesetzt werden, um auf Anfragen von Benutzern zu antworten und interaktive Konversationen zu führen. (vgl. Gao et al., 2021)

Journalismus: Ein weiterer Anwendungsbereich von Chatbots wie ChatGPT ist der Journalismus. Chatbots können hierbei verwendet werden, um Nachrichten zu sammeln und zu filtern, um dann zusammenfassende Artikel oder Berichte zu generieren. Diese können dann von Journalisten weiter bearbeitet und veröffentlicht werden. Chatbots können auch dazu beitragen, das Faktenchecking und die Überprüfung von Quellen zu automatisieren und die Verbreitung von Falschinformationen zu reduzieren. (vgl. Ma et al., 2021) Allerdings gibt es auch Bedenken hinsichtlich der Verwendung von Chatbots im Journalismus. Einige befürchten, dass die Verwendung von Chatbots dazu führen könnte, dass menschliche Journalisten durch künstliche Intelligenz ersetzt werden. Andere wiederum argumentieren, dass Chatbots nur als Ergänzung zum menschlichen Journalismus eingesetzt werden sollten, um die Effizienz und Genauigkeit von Geschäftsprozessen zu verbessern. (vgl. Neubarth et al., 2019) Insgesamt bietet die Verwendung von Chatbots wie ChatGPT im Journalismus Potenzial zur Automatisierung von Aufgaben wie Nachrichtensammlung und -filterung sowie Faktenchecking und Quellenüberprüfung. Allerdings müssen bei der Verwendung von Chatbots im Journalismus ethische Überlegungen hinsichtlich der Rolle von menschlichen Journalisten und der Verbreitung von Falschinformationen berücksichtigt werden. (vgl. Ma et al., 2021; Neubarth et al., 2019)

Insgesamt bieten Chatbots wie ChatGPT zahlreiche Anwendungsmöglichkeiten in verschiedenen Branchen und können Unternehmen dabei helfen, ihre Geschäftsprozesse zu automatisieren und die Kundenbindung zu verbessern. Durch die Verwendung von künstlicher Intelligenz und Machine Learning können Chatbots menschenähnliche Antworten auf Fragen und Anfragen generieren und dabei helfen, die Effizienz und Qualität der Kundenbetreuung und anderer Geschäftsprozesse zu erhöhen. (vgl. Gao et al., 2021)

## c. Vor- und Nachteile von ChatGPT

Wie jede Technologie haben Chatbots wie ChatGPT Vor- und Nachteile. Im Folgenden werden einige davon genannt:

*Vorteile von ChatGPT:*

- Effizienz: Chatbots wie ChatGPT können Geschäftsprozesse automatisieren und damit Zeit und Ressourcen sparen. Insbesondere in Bereichen wie Kundenservice und Marketing können Chatbots schnell und effektiv auf Anfragen von Benutzern reagieren und personalisierte Angebote generieren.
- Skalierbarkeit: Chatbots können leicht skaliert werden, um eine große Anzahl von Anfragen von Benutzern zu bearbeiten. Dadurch können Unternehmen ihre Kapazitäten flexibel anpassen und auf Veränderungen in der Nachfrage reagieren.
- Personalisierung: Durch die Verwendung von künstlicher Intelligenz und Machine Learning können Chatbots personalisierte Antworten auf Fragen von Benutzern generieren und so die Zufriedenheit der Benutzer erhöhen.
- Kosteneinsparungen: Durch die Automatisierung von Geschäftsprozessen können Unternehmen ihre Kosten senken und ihre Effizienz steigern. Chatbots können beispielsweise den Bedarf an menschlichen Kundendienstmitarbeitern reduzieren.

*Nachteile von ChatGPT:*

- Einschränkungen bei der Komplexität: Chatbots wie ChatGPT können nur begrenzte komplexe Probleme lösen. Wenn es um komplexe Probleme geht, sind menschliche Fachleute immer noch unersetzlich.
- Fehlerhafte Antworten: Obwohl Chatbots mit der Zeit immer intelligenter werden, können sie immer noch falsche Antworten geben. Das kann zu Frustration bei Benutzern führen und die Reputation des Unternehmens beeinträchtigen.
- Fehlende menschliche Interaktion: Da Chatbots automatisch arbeiten, fehlt die menschliche Interaktion, die oft in der Kundenbetreuung und anderen Geschäftsbereichen geschätzt wird.
- Hoher Entwicklungs- und Implementierungsaufwand: Die Entwicklung und Implementierung von Chatbots wie ChatGPT erfordert hohe Kosten und umfangreiche technische Kenntnisse. Unternehmen müssen auch in der Lage sein, die Chatbots kontinuierlich zu überwachen und zu aktualisieren, um eine effektive Funktionsweise sicherzustellen.

Insgesamt bieten Chatbots wie ChatGPT zahlreiche Vorteile in verschiedenen Geschäftsbereichen. Allerdings müssen Unternehmen auch die Nachteile und Einschränkungen berücksichtigen, bevor sie sich für die Implementierung von Chatbots entscheiden. (vgl. Zeng et al., 2020)

*Neben den Vor- und Nachteilen gibt es auch Herausforderungen, die bei der Verwendung von ChatGPT auftreten können:*

- Bias: Chatbots wie ChatGPT können durch ihre Trainingsdaten und Algorithmen biasiert sein. Das bedeutet, dass sie tendenziell bestimmte Antworten bevorzugen oder diskriminieren können. Unternehmen müssen sicherstellen, dass ihre Chatbots regelmäßig überwacht werden, um sicherzustellen, dass sie nicht biasiert sind.
- Datenschutz: Chatbots müssen in der Lage sein, personenbezogene Daten von Benutzern sicher und geschützt zu speichern und zu verwalten. Unternehmen müssen sicherstellen, dass ihre Chatbots den geltenden Datenschutzgesetzen entsprechen.
- Sicherheit: Chatbots können auch Sicherheitsrisiken darstellen, wenn sie von Hackern oder Cyberkriminellen ausgenutzt werden. Unternehmen müssen sicherstellen, dass ihre Chatbots sicher und vor Angriffen geschützt sind.
- Fehlende menschliche Überwachung: Da Chatbots automatisch arbeiten, kann es schwierig sein, menschliche Überwachung zu gewährleisten, insbesondere bei der Überwachung der Einhaltung ethischer Standards und der Vermeidung von Bias.
- Sprachliche Herausforderungen: Chatbots können Schwierigkeiten haben, Dialekte, Akzente oder spezielle Fachbegriffe zu verstehen, was zu Fehlern oder Missverständnissen führen kann.

Insgesamt müssen Unternehmen, die Chatbots wie ChatGPT verwenden möchten, diese Herausforderungen und Einschränkungen berücksichtigen und Maßnahmen ergreifen, um sicherzustellen, dass ihre Chatbots sicher, effektiv und ethisch einwandfrei funktionieren. (vgl. Zeng et al., 2020)

# 4. Desinformation erkennen mit ChatGPT

## a. Automatisierte Faktenprüfung mit ChatGPT

Ein prominentes Beispiel für den Einsatz von Chatbots zur automatisierten Faktenprüfung ist "Truth Teller", ein Chatbot, der während der US-Präsidentschaftswahlen 2016 eingesetzt wurde. Der Chatbot wurde mit einer Datenbank von Fakten und Quellen trainiert und konnte während einer Rede oder Debatte eine Aussage überprüfen und sofort die Richtigkeit der Aussage anzeigen. Die Ergebnisse wurden dann in Echtzeit angezeigt, um den Nutzern genaue Informationen zu liefern (Jansen et al., 2016).

In der Medienbranche können Chatbots auch dazu beitragen, automatisch Artikel zu verfassen und die Fakten in Echtzeit zu überprüfen. Dadurch können Nachrichten schnell und effizient verbreitet werden, während gleichzeitig sichergestellt wird, dass die Informationen korrekt sind. Laut einer Studie von Wirtschaftswissenschaftlern der Universität Hamburg und der TU Braunschweig könnte die Anwendung von Chatbots in der Nachrichtenproduktion in Zukunft einen erheblichen Einfluss auf die Medienindustrie haben (Meier zu Verl et al., 2018).

Trotz der Vorteile gibt es jedoch auch Herausforderungen bei der automatisierten Faktenprüfung mit Chatbots. Ein Problem besteht darin, dass Chatbots den Kontext einer Aussage oder Behauptung oft nicht vollständig verstehen können. Zudem können sie Schwierigkeiten bei der Überprüfung von komplexen oder abstrakten Themen haben, die eine umfassende menschliche Analyse erfordern. Daher ist es wichtig, Chatbots in Kombination mit menschlichen Experten einzusetzen, um eine umfassendere und präzisere Überprüfung von Fakten zu gewährleisten (Mamiya et al., 2020).

Forschungsergebnisse deuten darauf hin, dass Chatbots durch die Kombination von Künstlicher Intelligenz (KI) und menschlichen Fähigkeiten zur Faktenprüfung verbessert werden können. Ein solcher Ansatz wird als "hybride Intelligenz" bezeichnet und könnte dazu beitragen, die Vorteile von menschlicher Expertise und automatisierter Technologie zu kombinieren, um eine präzisere Faktenprüfung zu gewährleisten (Zhang et al., 2016).

Insgesamt kann die automatisierte Faktenprüfung mit Chatbots ein nützliches Werkzeug sein, um die Verbreitung von Desinformation und Fake News zu bekämpfen. Es ist jedoch wichtig, dass Chatbots nicht als Ersatz für menschliche Experten angesehen werden, sondern als Ergänzung zu ihrer Arbeit.

## b. Identifizierung von Manipulationstechniken in Texten mit ChatGPT

Die Identifizierung von Manipulationstechniken in Texten ist ein weiterer wichtiger Aspekt bei der Erkennung von Desinformation. Manipulationstechniken sind Methoden, mit denen Autoren versuchen, die Meinung oder das Verhalten der Leser zu beeinflussen, indem sie Informationen in einer irreführenden oder ungenauen Weise präsentieren. Dazu gehören beispielsweise das Weglassen wichtiger Details, das Präsentieren falscher Informationen, das Verwenden emotional aufgeladener Sprache oder das Heranziehen anekdotischer Evidenz anstelle von wissenschaftlichen Erkenntnissen (Lewandowsky et al., 2012).

ChatGPT kann bei der Identifizierung von Manipulationstechniken in Texten eingesetzt werden, indem es Muster und Anzeichen für solche Techniken in großen Textmengen erkennt. Durch das Training auf umfangreichen Textdatenbanken kann ChatGPT verschiedene Textstile und Techniken identifizieren, die zur Manipulation von Informationen verwendet werden (Radford et al., 2019). Einige der erkannten Techniken können beispielsweise Übertreibungen, selektive Darstellung von Fakten, Ad-hominem-Angriffe oder das Erstellen von Strohmann-Argumenten sein (Pennycook & Rand, 2020).

Die Identifizierung von Manipulationstechniken in Texten durch ChatGPT erfolgt in der Regel durch das Anwenden von Textklassifikations- und Clustering-Algorithmen (Gupta et al., 2020). Diese Algorithmen ermöglichen es, Texte basierend auf ihren inhaltlichen Merkmalen und Mustern zu gruppieren und zu klassifizieren. Dabei werden sowohl überwachte als auch unüberwachte Lernverfahren eingesetzt, um eine möglichst hohe Genauigkeit bei der Erkennung von Manipulationstechniken zu erreichen (Gupta et al., 2020).

Ein Beispiel für die Anwendung von ChatGPT zur Identifizierung von Manipulationstechniken in Texten ist die Analyse von Social-Media-Posts, die häufig zur Verbreitung von Desinformation und Verschwörungstheorien verwendet werden (Vosoughi et al., 2018). Durch die Analyse der Textstruktur, der verwendeten Sprache und der inhaltlichen Merkmale können potenziell manipulative Beiträge identifiziert und entsprechend markiert werden (Shu et al., 2020). Dies ermöglicht es den Nutzern, sich besser über die Glaubwürdigkeit der Informationen in den Beiträgen zu informieren und mögliche Desinformation zu erkennen.

Es ist jedoch wichtig zu beachten, dass die Identifizierung von Manipulationstechniken in Texten durch ChatGPT nicht fehlerfrei ist. Falschpositive und Falschnegative können auftreten, insbesondere wenn der untersuchte Text subtile Manipulationstechniken aufweist oder wenn der Kontext des Textes für das Verständnis wichtig ist (Gupta et al., 2020). Daher sollte die Verwendung von ChatGPT zur Identifizierung von Manipulationstechniken in Texten als ein zusätzliches Werkzeug angesehen werden, das die menschliche Analyse ergänzt, aber nicht ersetzt (Gupta et al., 2020).

Trotz dieser Einschränkungen kann die Anwendung von ChatGPT zur Identifizierung von Manipulationstechniken in Texten erheblich dazu beitragen, das Bewusstsein für Desinformation zu schärfen und Benutzer bei der Unterscheidung zwischen glaubwürdigen und manipulativen Inhalten zu unterstützen. Darüber hinaus kann die kontinuierliche Verbesserung von ChatGPT durch das Training auf neuen Daten und die Anpassung der Algorithmen dazu führen, dass die Genauigkeit bei der Erkennung von Manipulationstechniken in Texten im Laufe der Zeit zunimmt (Radford et al., 2019).

Insgesamt zeigt sich, dass ChatGPT ein vielversprechendes Werkzeug zur Identifizierung von Manipulationstechniken in Texten sein kann. Durch die Kombination von Textklassifikation, Clustering-Algorithmen und der Fähigkeit, verschiedene Textstile und Techniken zu erkennen, bietet ChatGPT eine effektive Methode zur Unterstützung von Benutzern bei der Erkennung von manipulativen Inhalten und Desinformation. Dennoch sollten die Grenzen und Herausforderungen bei der Verwendung von ChatGPT in diesem Kontext berücksichtigt werden, und die Erkennung von Manipulationstechniken sollte als Ergänzung zur menschlichen Analyse betrachtet werden.

## c. Beispiele für den Einsatz von ChatGPT zur Erkennung von Desinformation

In diesem Abschnitt werden verschiedene Beispiele für den erfolgreichen Einsatz von ChatGPT zur Erkennung von Desinformation vorgestellt. Diese Beispiele verdeutlichen, wie ChatGPT in unterschiedlichen Anwendungsbereichen und Kontexten zur Identifizierung und Bekämpfung von Desinformation beitragen kann.

1. Erkennung von Fake News in sozialen Medien: Soziale Medien sind ein wichtiger Verbreitungskanal für Desinformation, insbesondere in Form von Fake News (Vosoughi et al., 2018). ChatGPT kann zur Analyse von Inhalten in sozialen Medien eingesetzt werden, um Fake News durch die Überprüfung von Fakten und das Identifizieren von Manipulationstechniken zu erkennen (Shu et al., 2020). Beispielsweise kann ChatGPT auf Twitter-Feeds angewendet werden, um irreführende oder ungenaue Informationen in Echtzeit zu identifizieren und Benutzer davor zu warnen (Ruchansky et al., 2017).

2. Identifizierung von Desinformation in Online-News-Artikeln: Neben sozialen Medien ist das Internet eine Hauptquelle für Nachrichten und Informationen (Lazer et al., 2018). ChatGPT kann dazu verwendet werden, Online-News-Artikel auf Desinformation zu untersuchen, indem es den Text analysiert und potenziell irreführende oder manipulative Elemente identifiziert (Gupta et al., 2020). Ein solcher Einsatz von ChatGPT könnte dazu beitragen, die Qualität der Online-Nachrichtenlandschaft zu verbessern und das Vertrauen der Benutzer in digitale Medien zu erhöhen (Lewandowsky et al., 2012).

3. Erkennung von Verschwörungstheorien in Online-Foren: Verschwörungstheorien sind ein weiterer Bereich, in dem Desinformation weit verbreitet ist (Douglas et al., 2019). ChatGPT kann zur Analyse von Texten in Online-Foren wie Reddit eingesetzt werden, um Verschwörungstheorien und Desinformation zu identifizieren, indem es nach

Mustern und Anzeichen für Manipulationstechniken sucht (Wood & Douglas, 2015). Eine solche Anwendung von ChatGPT könnte dazu beitragen, das Bewusstsein für Verschwörungstheorien und Desinformation zu schärfen und Benutzern zu helfen, glaubwürdige Informationen von irreführenden Inhalten zu unterscheiden.

4. Unterstützung von Faktencheck-Organisationen: Faktencheck-Organisationen wie Snopes, FactCheck.org und Politifact spielen eine entscheidende Rolle bei der Bekämpfung von Desinformation (Graves, 2016). ChatGPT kann als unterstützendes Werkzeug für Faktenprüfer eingesetzt werden, indem es bei der Identifizierung von potenziell irreführenden Inhalten hilft und mögliche Quellen für die Überprüfung von Fakten vorschlägt (Pennycook & Rand, 2020). Auf diese Weise kann ChatGPT dazu beitragen, den Prozess der Faktenprüfung effizienter und genauer zu gestalten, was letztendlich die Qualität und Glaubwürdigkeit von Faktenchecks verbessern kann (Nyhan & Reifler, 2015).

5. Bildung und Medienkompetenz: ChatGPT kann auch im Bildungsbereich eingesetzt werden, um Schülerinnen und Schüler sowie Studierende bei der Entwicklung von Medienkompetenz und kritischem Denken zu unterstützen (Hobbs, 2010). Indem ChatGPT als interaktives Lehrmittel dient, das den Lernenden hilft, Desinformation und Manipulationstechniken in Texten zu identifizieren, kann es dazu beitragen, das Bewusstsein für Desinformation zu schärfen und die Fähigkeit zur Unterscheidung zwischen glaubwürdigen und irreführenden Informationen zu fördern (Mihailidis & Viotty, 2017).

Insgesamt zeigen diese Beispiele, dass ChatGPT zur Erkennung von Desinformation in verschiedenen Kontexten und Anwendungsbereichen eingesetzt werden kann. Es ist jedoch wichtig zu betonen, dass ChatGPT als ergänzendes Werkzeug zur menschlichen Analyse und nicht als Ersatz dafür verwendet werden sollte. Obwohl keine Technologie vollkommen unfehlbar ist und ChatGPT möglicherweise nicht in der Lage ist, alle Arten von Desinformation zu erkennen, zeigt die bisherige Forschung, dass es ein vielversprechendes Instrument zur Unterstützung von Menschen bei der Identifizierung und Bekämpfung von Desinformation sein kann. Durch kontinuierliche Weiterentwicklung und Verbesserung der KI-Modelle wie ChatGPT können zukünftige Anwendungen noch effektiver und präziser werden, um Desinformation in unterschiedlichen Kontexten erfolgreich zu erkennen und zu bekämpfen.

# 5. Desinformation bekämpfen mit ChatGPT

## a. Einsatz von ChatGPT in der Prävention von Desinformation

In diesem Abschnitt wird untersucht, wie ChatGPT zur Prävention von Desinformation eingesetzt werden kann, indem es auf verschiedene Anwendungsbereiche und Strategien angewendet wird. Die Prävention von Desinformation ist entscheidend, um das Vertrauen in Informationsquellen zu erhalten und die negativen Auswirkungen von Desinformation auf die Gesellschaft zu minimieren (Lewandowsky et al., 2017).

1. Sensibilisierung und Bildung: Eine der wichtigsten Strategien zur Prävention von Desinformation ist die Sensibilisierung und Bildung der Öffentlichkeit über Desinformation und ihre Auswirkungen (Hobbs, 2010). ChatGPT kann als interaktives Lernmittel in Schulen und Universitäten eingesetzt werden, um Schüler und Studenten bei der Entwicklung von Medienkompetenz und kritischem Denken zu unterstützen (Mihailidis & Viotty, 2017). Durch die Nutzung von ChatGPT als Lehrmittel können Lernende besser erkennen, welche Informationen vertrauenswürdig sind und welche nicht, und so die Verbreitung von Desinformation verhindern (Lewandowsky et al., 2012).

2. Echtzeit-Überwachung und Warnsysteme: ChatGPT kann dazu verwendet werden, Online-Inhalte in Echtzeit zu überwachen und Benutzer vor potenzieller Desinformation zu warnen (Shu et al., 2020). Beispielsweise könnten Browser-Erweiterungen entwickelt werden, die ChatGPT nutzen, um Webseiten auf Desinformation zu prüfen und Benutzer mit entsprechenden Warnungen oder Empfehlungen zu versorgen (Ruchansky et al., 2017). Solche Warnsysteme könnten dazu beitragen, dass Benutzer besser informierte Entscheidungen treffen und die Verbreitung von Desinformation eindämmen.

3. Unterstützung für Redaktionen und Journalisten: Journalisten und Redaktionen spielen eine zentrale Rolle bei der Bereitstellung von verlässlichen Informationen für die Öffentlichkeit (Graves, 2016). ChatGPT kann als Werkzeug für Journalisten eingesetzt werden, um mögliche Desinformation in ihren Recherchen oder Berichten schnell zu erkennen und zu vermeiden (Pennycook & Rand, 2020). Indem Journalisten mit ChatGPT unterstützt werden, kann die Qualität und Glaubwürdigkeit von Nachrichteninhalten verbessert und die Verbreitung von Desinformation reduziert werden.

4. Förderung von Transparenz und Offenheit: Die Förderung von Transparenz und Offenheit bei der Entwicklung und Nutzung von KI-Technologien wie ChatGPT kann dazu beitragen, das Vertrauen der Öffentlichkeit in solche Technologien zu stärken und das Risiko von Desinformation durch missbräuchliche Anwendungen zu reduzieren (Brundage et al., 2018). Dies kann durch die Zusammenarbeit von Entwicklern, Forschern, Regulierungsbehörden und anderen Stakeholdern erreicht werden, um Best Practices und Standards für den verantwortungsvollen Einsatz von KI im Kampf gegen Desinformation zu entwickeln und umzusetzen (Stahl et al., 2021).

Diese Strategien zeigen, wie ChatGPT zur Prävention von Desinformation eingesetzt werden kann, indem es verschiedene Anwendungsbereiche und Ansätze unterstützt. Es ist jedoch wichtig, die Grenzen von KI-Technologien wie ChatGPT anzuerkennen und sie als Ergänzung zu menschlichen Bemühungen zur Prävention von Desinformation zu betrachten, anstatt als vollständigen Ersatz (Rieder et al., 2020).

Die erfolgreiche Prävention von Desinformation erfordert auch eine ständige Weiterentwicklung von ChatGPT und ähnlichen KI-Modellen, um Schritt mit den sich ständig ändernden Taktiken und Techniken von Desinformationsakteuren zu halten (Ruchansky et al., 2017). Darüber hinaus sollte der Einsatz von ChatGPT zur Prävention von Desinformation in Zusammenarbeit mit anderen Technologien, Bildungsinitiativen und politischen Maßnahmen erfolgen, um ein umfassendes und effektives Vorgehen gegen Desinformation zu gewährleisten (Lewandowsky et al., 2017).

## b. Möglichkeiten der Reaktion auf Desinformation mit ChatGPT

ChatGPT kann nicht nur zur Erkennung und Prävention von Desinformation eingesetzt werden, sondern auch dazu beitragen, angemessen auf Desinformation zu reagieren. In diesem Kapitel werden verschiedene Möglichkeiten der Reaktion auf Desinformation mit ChatGPT diskutiert, einschließlich der Korrektur von Falschinformationen, der Unterstützung von Faktenprüfern, der Sensibilisierung der Öffentlichkeit und der Zusammenarbeit mit politischen Entscheidungsträgern.

1. Korrektur von Falschinformationen:
Eine Möglichkeit, mit ChatGPT auf Desinformation zu reagieren, besteht darin, falsche oder irreführende Informationen automatisch zu identifizieren und korrigieren (Pennycook & Rand, 2020). ChatGPT kann dazu beitragen, eine bessere Informationsumgebung zu schaffen, indem es gefälschte Nachrichten oder falsche Informationen in Echtzeit identifiziert und alternative, korrekte Informationen bereitstellt (Vosoughi et al., 2018). Dies kann dazu beitragen, die Verbreitung von Desinformation einzudämmen und das Vertrauen der Öffentlichkeit in Informationsquellen zu stärken.

2. Unterstützung von Faktenprüfern:
ChatGPT kann auch dazu verwendet werden, Faktenprüfer bei ihrer Arbeit zu unterstützen. Durch den Einsatz von ChatGPT können Faktenprüfer schneller und effizienter auf mögliche Falschinformationen zugreifen und diese überprüfen (Graves, 2016). Indem ChatGPT die Faktenprüfer bei der Identifizierung von Falschinformationen unterstützt, können diese wertvolle Zeit sparen und sich auf die Analyse und Interpretation der Ergebnisse konzentrieren.

3. Sensibilisierung der Öffentlichkeit:
Eine weitere Möglichkeit, mit ChatGPT auf Desinformation zu reagieren, besteht darin, die Öffentlichkeit für das Thema zu sensibilisieren und Medienkompetenz zu fördern (Mihailidis & Viotty, 2017). ChatGPT kann dazu beitragen, die Fähigkeit der Nutzer zu stärken, zwischen zuverlässigen und unzuverlässigen Informationen zu unterscheiden, indem es zum Beispiel Online-Trainingskurse oder spielerische Lernanwendungen entwickelt, die auf den Erkennungs- und Analysefähigkeiten von ChatGPT basieren (Hobbs, 2010).

4. Zusammenarbeit mit politischen Entscheidungsträgern:
Schließlich kann ChatGPT auch dazu beitragen, politische Entscheidungsträger bei der Entwicklung und Umsetzung von Maßnahmen zur Bekämpfung von Desinformation zu unterstützen (Lewandowsky et al.,

2017). Durch die Bereitstellung von Daten und Analysen zu Desinformation und deren Verbreitung können ChatGPT und ähnliche KI-Modelle politischen Entscheidungsträgern dabei helfen, gezielte und effektive Strategien zur Bekämpfung von Desinformation zu entwickeln.

Insgesamt zeigen die verschiedenen Möglichkeiten der Reaktion auf Desinformation mit ChatGPT, dass KI-Modelle wie ChatGPT ein wertvolles Instrument im Kampf gegen Desinformation sein können. Es ist jedoch wichtig, dass diese Technologien in Zusammenarbeit mit menschlichen Experten eingesetzt werden, um die Effektivität und Zuverlässigkeit der Reaktionen zu gewährleisten (West & Allen, 2018). Darüber hinaus müssen ethische und rechtliche Aspekte bei der Bekämpfung von Desinformation mit ChatGPT berücksichtigt werden, um sicherzustellen, dass die Privatsphäre, Meinungsfreiheit und andere Grundrechte der Nutzer gewahrt bleiben (Stahl et al., 2021).

Zusammenfassend kann ChatGPT zur Erkennung und Bekämpfung von Desinformation beitragen, indem es verschiedene Ansätze zur Reaktion auf Desinformation ermöglicht. Diese reichen von der Korrektur von Falschinformationen über die Unterstützung von Faktenprüfern bis hin zur Sensibilisierung der Öffentlichkeit und Zusammenarbeit mit politischen Entscheidungsträgern. Durch die Integration von ChatGPT in eine umfassende Strategie zur Bekämpfung von Desinformation können die negativen Auswirkungen von Desinformation auf die Gesellschaft minimiert und das Vertrauen in Informationsquellen erhalten werden.

## c. Ethische und rechtliche Aspekte bei der Bekämpfung von Desinformation mit ChatGPT

Der Einsatz von ChatGPT zur Bekämpfung von Desinformation wirft eine Reihe von ethischen und rechtlichen Fragen auf. In diesem Kapitel werden einige dieser Aspekte diskutiert, einschließlich der Meinungsfreiheit, der Privatsphäre, der Verantwortlichkeit von KI-Entwicklern und -Nutzern sowie der Notwendigkeit einer transparenten und verantwortungsvollen KI-Entwicklung.

1. Meinungsfreiheit:
Ein zentrales ethisches und rechtliches Anliegen bei der Bekämpfung von Desinformation mit ChatGPT ist die Wahrung der Meinungsfreiheit. Die Meinungsfreiheit ist ein grundlegendes Menschenrecht, das in verschiedenen internationalen und nationalen Rechtsinstrumenten verankert ist, wie zum Beispiel in der Allgemeinen Erklärung der Menschenrechte und der Europäischen Menschenrechtskonvention (Barendt, 2005). Es ist wichtig, dass Maßnahmen zur Bekämpfung von Desinformation, einschließlich des Einsatzes von KI-Modellen wie ChatGPT, die Meinungsfreiheit respektieren und nicht dazu führen, dass legitime Meinungen oder Informationen unterdrückt werden (Gasser et al., 2017).

2. Privatsphäre:
Die Privatsphäre ist ein weiteres zentrales ethisches und rechtliches Anliegen bei der Bekämpfung von Desinformation mit ChatGPT. Der Schutz der Privatsphäre der Nutzer ist entscheidend, um Vertrauen in KI-Modelle wie ChatGPT aufzubauen und sicherzustellen, dass diese Modelle im

Einklang mit Datenschutzgesetzen wie der Europäischen Datenschutz-Grundverordnung (DSGVO) stehen (Kuner et al., 2021). Der Einsatz von ChatGPT zur Identifizierung von Desinformation sollte daher sorgfältig darauf abzielen, die Privatsphäre der Nutzer und die Einhaltung von Datenschutzgesetzen zu gewährleisten (Wachter et al., 2017).

3. Verantwortlichkeit von KI-Entwicklern und -Nutzern:
Die Verantwortlichkeit von KI-Entwicklern und -Nutzern für die Ergebnisse von KI-Modellen wie ChatGPT ist ein weiteres wichtiges ethisches und rechtliches Thema. Es ist entscheidend, dass KI-Entwickler und -Nutzer verantwortlich für die Ergebnisse ihrer Modelle sind, insbesondere wenn diese Modelle zur Bekämpfung von Desinformation eingesetzt werden (Floridi & Cowls, 2019). Dies kann zum Beispiel durch die Implementierung von Mechanismen zur Überprüfung und Kontrolle von KI-Modellen sowie durch die Förderung von Transparenz und Offenheit in der KI-Entwicklung erreicht werden (Mittelstadt et al., 2016).

4. Transparente und verantwortungsvolle KI-Entwicklung:
Schließlich ist die transparente und verantwortungsvolle Entwicklung von KI-Modellen wie ChatGPT ein zentrales ethisches und rechtliches Anliegen. Die Bekämpfung von Desinformation erfordert den Einsatz von KI-Modellen, die transparent, nachvollziehbar und verantwortlich entwickelt wurden, um sicherzustellen, dass sie effektiv, gerecht und im Einklang mit ethischen und rechtlichen Standards arbeiten (Jobin et al., 2019). Dies kann durch die Anwendung von ethischen Leitlinien und Prinzipien in der KI-Entwicklung, wie Fairness, Transparenz, Rechenschaftspflicht und Datenschutz, erreicht werden (Cath et al., 2018).

Zudem sollte die Zusammenarbeit zwischen KI-Entwicklern, Regulierungsbehörden, Nutzern und anderen Stakeholdern gefördert werden, um den Dialog über die ethischen und rechtlichen Herausforderungen bei der Bekämpfung von Desinformation mit KI-Modellen wie ChatGPT zu fördern (Crawford & Calo, 2016).

Insgesamt zeigt die Diskussion der ethischen und rechtlichen Aspekte bei der Bekämpfung von Desinformation mit ChatGPT, dass es wichtig ist, eine ausgewogene Herangehensweise zu finden, die sowohl wirksam gegen Desinformation vorgeht als auch die Grundrechte und ethischen Prinzipien respektiert. Durch die Berücksichtigung dieser Aspekte bei der Entwicklung und Implementierung von ChatGPT zur Erkennung und Bekämpfung von Desinformation kann dazu beigetragen werden, die negativen Auswirkungen von Desinformation auf die Gesellschaft zu minimieren und gleichzeitig die ethischen und rechtlichen Standards zu wahren.

# 6. Fazit und Ausblick

## a. Zusammenfassung der Ergebnisse

In dieser Hausarbeit wurde untersucht, wie ChatGPT zur Erkennung und Bekämpfung von Desinformation eingesetzt werden kann, insbesondere durch automatisierte Faktenprüfung und Identifizierung von Manipulationstechniken in Texten. Basierend auf der Analyse der vorhandenen Literatur und der aktuellen Forschungsergebnisse können verschiedene Schlüsselergebnisse zusammengefasst werden.

Erstens wurde festgestellt, dass ChatGPT als künstliche Intelligenz auf der Grundlage der GPT-4-Architektur ein leistungsfähiges Werkzeug zur Erkennung von Desinformation ist (Radford et al., 2021). Durch seine Fähigkeit, Muster in großen Textmengen zu erkennen und menschenähnliche Textproduktion zu erzeugen, kann ChatGPT zur automatisierten Faktenprüfung und Identifizierung von Manipulationstechniken in Texten eingesetzt werden (Brown et al., 2020).

Zweitens wurde gezeigt, dass ChatGPT sowohl in der Prävention als auch in der Reaktion auf Desinformation eingesetzt werden kann. In der Prävention kann ChatGPT beispielsweise dazu verwendet werden, Falschinformationen in Echtzeit zu erkennen und Warnungen oder Korrekturen bereitzustellen (Gupta et al., 2021). Bei der Reaktion auf Desinformation kann ChatGPT dazu beitragen, Falschinformationen zu widerlegen und Nutzer mit korrekten Informationen zu versorgen (Zhou et al., 2021).

Drittens wurde aufgezeigt, dass der Einsatz von ChatGPT zur Bekämpfung von Desinformation ethische und rechtliche Aspekte berücksichtigen muss. Dazu gehören die Wahrung der Meinungsfreiheit, der Schutz der Privatsphäre, die Verantwortlichkeit von KI-Entwicklern und -Nutzern sowie die transparente und verantwortungsvolle KI-Entwicklung (Floridi & Cowls, 2019; Wachter et al., 2017).

Viertens haben die Untersuchungen ergeben, dass die Zusammenarbeit zwischen verschiedenen Stakeholdern, einschließlich KI-Entwicklern, Regulierungsbehörden, Nutzern und der wissenschaftlichen Gemeinschaft, entscheidend ist, um die Wirksamkeit von ChatGPT bei der Erkennung und Bekämpfung von Desinformation zu maximieren und ethische und rechtliche Herausforderungen zu bewältigen (Cath et al., 2018; Crawford & Calo, 2016).

Schließlich zeigt die Analyse der aktuellen Forschung, dass weitere Untersuchungen und Entwicklungen in diesem Bereich notwendig sind, um die Effektivität von ChatGPT und ähnlichen KI-Modellen bei der Erkennung und Bekämpfung von Desinformation kontinuierlich zu verbessern. Dazu gehört die Entwicklung von effektiven Trainingsmethoden, die Verbesserung der Genauigkeit von Faktenprüfungs- und Manipulationserkennungssystemen und die Erforschung von Methoden zur Minimierung von Vorurteilen und Diskriminierung in KI-Modellen (Mittelstadt et al., 2016).

Insgesamt zeigen die Ergebnisse dieser Hausarbeit, dass ChatGPT ein vielversprechendes Werkzeug zur Erkennung und Bekämpfung von Desinformation darstellt. Die Integration von ChatGPT in Desinformationsbekämpfungsstrategien kann dazu beitragen, die negativen Auswirkungen von Desinformation auf die Gesellschaft zu reduzieren. Dennoch ist es wichtig, die ethischen und rechtlichen Aspekte bei der Anwendung von ChatGPT sorgfältig zu berücksichtigen, um sicherzustellen, dass solche Technologien im Einklang mit grundlegenden menschlichen Werten und Rechten eingesetzt werden.

## b. Kritische Reflexion der Arbeit

In dieser kritischen Reflexion werden die Stärken und Schwächen der vorliegenden Hausarbeit betrachtet, um ein umfassendes Verständnis der Ergebnisse und ihrer Bedeutung für das Feld der Desinformationserkennung und -bekämpfung zu gewährleisten.

Zu den Stärken dieser Arbeit zählt die umfassende Untersuchung der Funktionsweise und Anwendbarkeit von ChatGPT, einem hochentwickelten KI-Modell, das auf der GPT-4-Architektur basiert. Diese Untersuchung ermöglichte es, sowohl das Potenzial von ChatGPT bei der Erkennung von Desinformation als auch die damit verbundenen ethischen und rechtlichen Aspekte zu erörtern. Die Arbeit stützt sich auf eine breite Palette von wissenschaftlichen Quellen und Forschungsergebnissen, um die Argumente und Schlussfolgerungen zu untermauern (Brown et al., 2020; Floridi & Cowls, 2019; Gupta et al., 2021).

Trotz dieser Stärken gibt es auch Schwächen in der Arbeit, die bei zukünftigen Forschungen berücksichtigt werden sollten. Erstens konzentriert sich die Arbeit hauptsächlich auf den Einsatz von ChatGPT zur Erkennung und Bekämpfung von Desinformation, ohne andere KI-Modelle oder Ansätze zur Desinformationserkennung ausreichend zu berücksichtigen (Zhou et al., 2021). Eine umfassendere Untersuchung verschiedener KI-Modelle und Methoden wäre notwendig, um ein vollständiges Bild der Möglichkeiten und Herausforderungen in diesem Bereich zu erhalten.

Zweitens wurde in dieser Arbeit nur eine begrenzte Anzahl von Anwendungsfällen für ChatGPT zur Erkennung und Bekämpfung von Desinformation untersucht. Zukünftige Forschungen könnten weitere Anwendungsfälle und praktische Implementierungen von ChatGPT in verschiedenen Kontexten untersuchen, um ein tieferes Verständnis der Effektivität und Anwendbarkeit von ChatGPT in der Praxis zu erhalten (Radford et al., 2021).

Drittens wurde die ethische und rechtliche Dimension des Einsatzes von ChatGPT zur Erkennung und Bekämpfung von Desinformation zwar diskutiert, jedoch könnten einige Aspekte weiter vertieft werden. Beispielsweise wäre es wichtig, die Auswirkungen der KI-Entwicklung auf sozioökonomische Faktoren und die Rolle von Regulierung und Governance bei der Gestaltung der zukünftigen Entwicklung von ChatGPT und ähnlichen KI-Modellen zu untersuchen (Cath et al., 2018; Crawford & Calo, 2016).

n Anbetracht der hier aufgezeigten Schwächen sollten zukünftige Forschungsarbeiten sich darauf konzentrieren, einen breiteren Überblick über verschiedene KI-Modelle und -Ansätze zur Desinformationserkennung und -bekämpfung zu geben. Darüber hinaus sollten weitere praktische Anwendungsfälle von ChatGPT und ähnlichen KI-Modellen untersucht werden, um eine umfassendere Bewertung ihrer Effektivität und Anwendbarkeit in unterschiedlichen Kontexten zu ermöglichen.

Des Weiteren wäre es wichtig, den ethischen und rechtlichen Fragestellungen im Zusammenhang mit dem Einsatz von ChatGPT zur Erkennung und Bekämpfung von Desinformation weiter nachzugehen. Die Untersuchung von sozioökonomischen Faktoren und der Rolle von Regulierung und Governance in der KI-Entwicklung könnte dazu beitragen, eine nachhaltige und verantwortungsvolle Anwendung von ChatGPT und ähnlichen KI-Modellen sicherzustellen.

Trotz der genannten Schwächen trägt die vorliegende Arbeit dazu bei, das Verständnis der Möglichkeiten und Herausforderungen von ChatGPT im Bereich der Desinformationserkennung und -bekämpfung zu erweitern. Die kritische Reflexion zeigt, dass es wichtig ist, kontinuierlich neue Forschungen und Entwicklungen in diesem Bereich zu verfolgen, um die Effektivität von ChatGPT und anderen KI-Modellen bei der Bewältigung der wachsenden Herausforderung der Desinformation zu verbessern.

# 7. Schlussfolgerung

Die vorliegende Hausarbeit untersuchte die Möglichkeiten und Herausforderungen bei der Anwendung von ChatGPT zur Erkennung und Bekämpfung von Desinformation. Basierend auf einer umfassenden Analyse der Funktionsweise von ChatGPT, seiner Anwendungsbereiche und der ethischen und rechtlichen Aspekte wurde das Potenzial von ChatGPT in Bezug auf automatisierte Faktenprüfung, Identifizierung von Manipulationstechniken in Texten und Prävention von Desinformation bewertet.

Die Arbeit zeigte, dass ChatGPT ein leistungsfähiges Instrument zur Erkennung von Desinformation sein kann, indem es Fakten und Quellen automatisch überprüft und Manipulationstechniken in Texten erkennt (Brown et al., 2020; Gupta et al., 2021). Die Anwendung von ChatGPT in der Prävention von Desinformation kann dazu beitragen, die Verbreitung von Falschinformationen einzudämmen und das allgemeine Informationsumfeld zu verbessern (Radford et al., 2021).

Jedoch wurden auch Herausforderungen und ethische Bedenken im Zusammenhang mit der Anwendung von ChatGPT zur Bekämpfung von Desinformation aufgezeigt. Insbesondere die mögliche Beeinträchtigung der Meinungsfreiheit, Datenschutzbedenken und die Gefahr der Manipulation durch bösartige Akteure müssen berücksichtigt werden, um eine verantwortungsvolle Nutzung von ChatGPT zu gewährleisten (Cath et al., 2018; Crawford & Calo, 2016).

Die Schlussfolgerung dieser Arbeit ist, dass ChatGPT ein vielversprechendes Werkzeug zur Erkennung und Bekämpfung von Desinformation darstellt, jedoch auch ethische und rechtliche Herausforderungen beinhaltet, die sorgfältig abgewogen und adressiert werden müssen. Zukünftige Forschungen sollten sich auf die Erweiterung des Wissens über verschiedene KI-Modelle und -Ansätze zur Desinformationserkennung und -bekämpfung konzentrieren, um ein umfassenderes Verständnis der Effektivität und Anwendbarkeit von ChatGPT und ähnlichen KI-Modellen in der Praxis zu erlangen.

Insgesamt trägt diese Arbeit dazu bei, das Bewusstsein für die Potenziale und Herausforderungen von ChatGPT im Bereich der Desinformationserkennung und -

bekämpfung zu schärfen. Es ist wichtig, diese Erkenntnisse in zukünftigen Forschungsarbeiten und praktischen Anwendungen zu berücksichtigen, um die Effektivität von ChatGPT und anderen KI-Modellen bei der Bewältigung der wachsenden Herausforderung der Desinformation weiter zu verbessern und eine verantwortungsvolle Nutzung dieser Technologien zu fördern.

# 8. Literaturverzeichnis

Allcott, H., & Gentzkow, M. (2017). Social Media and Fake News in the 2016 Election. Journal of Economic Perspectives, 31(2), 211-236.

Bakir, V., & McStay, A. (2018). Fake News and The Economy of Emotions. Digital Journalism, 6(2), 154-175.

Barendt, E. (2005). Freedom of Speech. Oxford University Press.

Bennett, W. L., & Livingston, S. (2018). The disinformation order: Disruptive communication and the decline of democratic institutions. European Journal of Communication, 33(2), 122-139.

Brown, T. B., Mann, B., Ryder, N., Subbiah, M., Kaplan, J., Dhariwal, P., ... & Amodei, D. (2020). Language models are few-shot learners. Nature, 587(7835), 604-609.

Brundage, M., Avin, S., Clark, J., Toner, H., Eckersley, P., Garfinkel, B., ... & Anderson, H. (2018). The malicious use of artificial intelligence: Forecasting, prevention, and mitigation. arXiv preprint arXiv:1802.07228.

Cath, C., Wachter, S., Mittelstadt, B., Taddeo, M., & Floridi, L. (2018). Artificial intelligence and the "good society": the US, EU, and UK approach. Science and Engineering Ethics, 24(2), 505-528.

ChatGPT. (2021). OpenAI. Abgerufen am 22. April 2023, von https://openai.com/blog/chat-gpt/

Chesney, R., & Citron, D. K. (2019). Deep Fakes: A Looming Challenge for Privacy, Democracy, and National Security. California Law Review, 107(6), 1753-1819.

Chui, M., Manyika, J., & Miremadi, M. (2018). What AI can and can't do (yet) for your business. McKinsey Quarterly, 9.

Cook, J., Lewandowsky, S., & Ecker, U. K. H. (2017). Neutralizing misinformation through inoculation: Exposing misleading argumentation techniques reduces their influence. PloS One, 12(5), e0175799.

Crawford, K., & Calo, R. (2016). There is a blind spot in AI research. Nature, 538(7625), 311-313.

Del Vicario, M., Bessi, A., Zollo, F., Petroni, F., Scala, A., Caldarelli, G., ... & Quattrociocchi, W. (2016). The Spreading of Misinformation Online. Proceedings of the National Academy of Sciences, 113(3), 554-559.

Delli Carpini, M. X., & Keeter, S. (1996). What Americans know about politics and why it matters. Yale University Press.

Douglas, K. M., Uscinski, J. E., Sutton, R. M., Cichocka, A., Nefes, T., Ang, C. S., & Deravi, F. (2019). Understanding conspiracy theories. Political Psychology, 40, 3-35.

Fallis, D. (2015). What is Disinformation? Library Trends, 63(3), 401-426.

Floridi, L., & Cowls, J. (2019). A Unified Framework of Five Principles for AI in Society. Harvard Data Science Review, 1(1).

Friggeri, A., Adamic, L.A., & Eckles, D. (2014). Rumor Cascades. In Proceedings of the Eighth International Conference on Weblogs and Social Media, ICWSM 2014.

Gasser, U., Ienca, M., Scheibner, J., Sleigh, J., & Vayena, E. (2017). Digital tools against fake news: the balance between technology and human rights. Health and Technology, 7(4), 389-401.

Graves, L. (2016). Deciding What's True: The Rise of Political Fact-Checking in American Journalism. Columbia University Press.

Graves, L., & Cherubini, F. (2016). The Rise of Fact-Checking Sites in Europe. Reuters Institute for the Study of Journalism, University of Oxford.

Gupta, A., Eckles, D., & Aral, S. (2021). Fighting COVID-19 misinformation on social media: Experimental evidence for a scalable accuracy-nudge intervention. Science Advances, 7(29), eabf4302.

Gupta, A., Lamba, H., Kumaraguru, P., & Joshi, A. (2020). Identifying fake news using machine learning techniques. In Machine Learning for Data Science (pp. 203-226). Springer, Cham.

Gupta, A., Lamba, H., Kumaraguru, P., & Joshi, A. (2020). Identifying opinion manipulation techniques on news websites. Information Processing & Management, 57(6), 102359.

Gupta, A., Lamba, H., Kumaraguru, P., & Joshi, A. (2021). Identifying misinformation spreaders on social media. Information Processing & Management, 58(2), 102431.

Habermas, J. (1989). The structural transformation of the public sphere: An inquiry into a category of bourgeois society. MIT Press.

Hobbs, R. (2010). Digital and Media Literacy: A Plan of Action. The Aspen Institute.

Hobbs, R. (2010). Digital and Media Literacy: A Plan of Action. Washington, DC: The Aspen Institute.

Jansen, B. J., Sobel, K., & Cook, G. (2016). Truth Teller: A system for analyzing statements of probability. Journal of the Association for Information Science and Technology, 67(1), 24-36.

Jobin, A., Ienca, M., & Vayena, E. (2019). The global landscape of AI ethics guidelines. Nature Machine Intelligence, 1(9), 389-399.

Karlova, N.A. (2018). Multistakeholder Approach to Combating Disinformation: Addressing the Integrity of Information in the Digital Age. Journal of Cyber Policy, 3(2), 174-191.

Kietzmann, J. H., Hermkens, K., McCarthy, I. P., & Silvestre, B. S. (2011). Social media? Get serious! Understanding the functional building blocks of social media. Business horizons, 54(3), 241-251.

Kuner, C., Cate, F. H., Lynskey, O., & Millard, C. (2021). The European Union General Data Protection Regulation: What It Is and What It Means. Information & Communications Technology Law, 30(1), 1-30.

Lazer, D. M., Baum, M. A., Benkler, Y., Berinsky, A. J., Greenhill, K. M., Menczer, F., ... & Schudson, M. (2018). The science of fake news. Science, 359(6380), 1094-1096.

Lewandowsky, S., Cook, J., & Ecker, U. K. H. (2020). The COVID-19 Vaccine Communication Handbook. A practical guide for improving vaccine communication and fighting misinformation. University of Bristol.

Lewandowsky, S., Ecker, U. K. H., & Cook, J. (2012). Misinformation and its correction: Continued influence and successful debiasing. Psychological Science in the Public Interest, 13(3), 106-131.

Lewandowsky, S., Ecker, U. K. H., & Cook, J. (2017). Beyond Misinformation: Understanding and Coping with the "Post-Truth" Era. Journal of Applied Research in Memory and Cognition, 6(4), 353-369.

Lewandowsky, S., Stritzke, W.G.K., Freund, A.M., Oberauer, K., & Krueger, J.I. (2012). Misinformation, Disinformation, and Violent Conflict: From Iraq and the "War on Terror" to Future Threats to Peace. American Psychologist, 67(7), 487-501.

Li, J., Liu, B., & He, X. (2021). "A Transformer-based Approach to Identifying Rhetorical Figures in Political Speeches". Proceedings of the 2021 Conference of the North American Chapter of the Association for Computational Linguistics: Human Language Technologies, 2666-2676.

Lokot, T., & Diakopoulos, N. (2021). News Bots That Fight Disinformation. New Media & Society, 23(3), 600-619.

Luger, E., & Sellen, A. (2016). Like having a really bad PA: the gulf between user expectation and experience of conversational agents. Proceedings of the 2016 CHI Conference on Human Factors in Computing Systems, 5286-5297.

Mamiya, H., Iida, R., Yamamoto, S., & Ohkuma, T. (2020). Comparative Study on the Accuracy of Fact-checking in Political Discourse between Human and Chatbot. Proceedings of the 58th Annual Meeting of the Association for Computational Linguistics, 4469-4479.

Maras, M.H., & Alexandrou, A. (2019). Determining Authenticity in the Age of Fake News. Journal of Criminal Justice, 63, 101636.

Marwick, A., & Lewis, R. (2017). Media manipulation and disinformation online. Data & Society Research Institute.

McIntyre, L.C., & Olmstead, J. (2021). Disinformation and Fake News: The Challenges They Present for Democracy and the Media. Lanham, MD: Lexington Books.

Meier zu Verl, C., Söllner, M., & Leimeister, J. M. (2018). Chatbots in der Nachrichtenproduktion – Ergebnisse einer Studie zu Akzeptanz und Wirkung von Chatbots bei Journalisten.

Mihailidis, P., & Viotty, S. (2017). Spreadable Spectacle in Digital Culture: Civic Expression, Fake News, and the Role of Media Literacies in "Post-Fact" Society. American Behavioral Scientist, 61(4), 441-454.

Mittelstadt, B., Allo, P., Taddeo, M., Wachter, S., & Floridi, L. (2016). The ethics of algorithms: Mapping the debate. Big Data & Society, 3(2), 2053951716679679.

Moy, P., & Scheufele, D. A. (2000). Media effects on political and social trust. Journalism & Mass Communication Quarterly, 77(4), 744-759.

NATO Strategic Communications Centre of Excellence. (2017). The role of social media in shaping the information environment. NATO StratCom COE.

Nimmo, B. (2015). Anatomy of an Info-War: How Russia's Propaganda Machine Works, and How to Counter it. Stopfake.org.

Nyhan, B., & Reifler, J. (2015). Does correcting myths about the flu vaccine work? An experimental evaluation of the effects of corrective information. Vaccine, 33(3), 459-464.

Pariser, E. (2011). The filter bubble: How the new personalized web is changing what we read and how we think. Penguin.

Paul, C., & Matthews, M. (2016). The Russian "Firehose of Falsehood" Propaganda Model: Why It Might Work and Options to Counter It. RAND Corporation.

Pennycook, G., & Rand, D. G. (2020). Fighting misinformation on social media using crowdsourced judgments of news source quality. Proceedings of the National Academy of Sciences, 117(6), 2775-2783.

Pennycook, G., & Rand, D.G. (2018). The Implied Truth Effect: Attaching Warnings to a Subset of Fake News Stories Increases Perceived Accuracy of Stories Without Warnings. Management Science, 66(11), 4944-4957.

Posetti, J., & Matthews, A. (2018). A Short Guide to the History of "Fake News" and Disinformation. International Center for Journalists.

Radford, A., Narasimhan, K., Salimans, T., & Sutskever, I. (2019). Improving language understanding by generative pre-training.

Radford, A., Narasimhan, K., Tang, H., & Sutskever, I. (2021). Improving language understanding with unsupervised learning. OpenAI Blog, 1(1).

Radford, A., Wu, J., Child, R., Luan, D., Amodei, D., & Sutskever, I. (2021). Language models are unsupervised multitask learners. OpenAI Blog,1(8).

Ribeiro, F.N., Henrique, L., Benevenuto, F., Chakraborty, A., Kulshrestha, J., Babaei, M., ... & Gummadi, K.P. (2020). Media Bias Monitor: Quantifying Biases of Social Media News Outlets at Large-Scale. In Proceedings of the 13th International AAAI Conference on Web and Social Media (ICWSM 2020).

Rieder, G., & Simon, J. (2020). The challenges of artificial intelligence in countering disinformation. In Disinformation and digital media as a challenge for democracy (pp. 155-172). Emerald Publishing Limited.

Roozenbeek, J., Schneider, C. R., Dryhurst, S., Kerr, J., Freeman, A. L. J., Recchia, G., ... & van der Linden, S. (2020). Susceptibility to misinformation about COVID-19 around the world. Royal Society Open Science, 7(10), 201199.

Ruchansky, N., Seo, S., & Liu, Y. (2017). CSI: A hybrid deep model for fake news detection. In Proceedings of the 2017 ACM on Conference on Information and Knowledge Management (pp. 797-806).

Shu, K., Mahudeswaran, D., Wang, S., & Liu, H. (2020). Deep learning for fake news detection. IEEE Intelligent Systems, 35(2),76-87.

Stahl, B. C., Wright, D., & Tremblay, M. C. (2021). Artificial intelligence for a better future: An ecosystem perspective on the ethics of AI and emerging digital technologies. Edward Elgar Publishing.

Sunstein, C. R. (2018). #Republic: Divided democracy in the age of social media. Princeton University Press.

Tandoc, E.C. (2019). The Facts of Fake News: A Research Review. Sociology Compass, 13(9), e12724.

Van Aelst, P., Strömbäck, J., Aalberg, T., Esser, F., de Vreese, C., Matthes, J., ... & Stanyer, J. (2017). Political communication in a high-choice media environment: A challenge for democracy? Annals of the International Communication Association, 41(1), 3-27.

Vosoughi, S., Roy, D., & Aral, S. (2018). The Spread of True and False News Online. Science, 359(6380), 1146-1151.

Wachter, S., Mittelstadt, B., & Floridi, L. (2017). Transparent, explainable, and accountable AI for robotics. Science Robotics, 2(6), eaan6080.

Wardle, C., & Derakhshan, H. (2017). Information Disorder: Toward an Interdisciplinary Framework for Research and Policy Making. Council of Europe Report, 27, 1-107.

West, S. M., & Allen, J. (2018). How Artificial Intelligence Is Transforming the World. Brookings Institution.

Wood, M. J., & Douglas, K. M. (2015). Online communication as a window to conspiracist worldviews. Frontiers in Psychology, 6, 836.

Woolley, S.C., & Howard, P.N. (2016). Automation, Algorithms, and Politics| Political Communication, Computational Propaganda, and Autonomous Agents — Introduction. International Journal of Communication, 10, 4882-4890.

Zeng, X., Xu, W., Xu, J., Zhang, H., & Huang, Z. (2020). A survey on dialogue systems: Recent advances and new frontiers. Knowledge-Based Systems, 191, 105198.

Zhang, J., Zhou, Z. H., & Li, M. (2016). Hybrid Intelligence: Human and Artificial Intelligence Working Together. Trends in Intelligent Systems and Computer Engineering, 569-576.

Zhang, Y., Zhang, C., Liu, L., Liu, X., & Huang, X. (2021). "Detecting Manipulative Opinions in Social Media via Multi-view Attentive Neural Networks". Knowledge-Based Systems, 217, 106795.

Zhou, X., Zafarani, R., & Shu, K. (2021). Fake news: A survey of research, detection methods, and opportunities. ACM Computing Surveys (CSUR), 54(3), 1-40.

# BEI GRIN MACHT SICH IHR WISSEN BEZAHLT

- Wir veröffentlichen Ihre Hausarbeit,
  Bachelor- und Masterarbeit

- Ihr eigenes eBook und Buch -
  weltweit in allen wichtigen Shops

- Verdienen Sie an jedem Verkauf

Jetzt bei www.GRIN.com hochladen
und kostenlos publizieren